养成教育

第六册 下

总主编　郭齐家
　　　　高广立

日新其德 日勤其业 臻于至善

济南出版社　汉唐书局

U0643462

图书在版编目（CIP）数据

养成教育 . 第六册 下 / 郭齐家，高广立主编 . —济南：
济南出版社，2021.12

ISBN 978-7-5488-4872-1

Ⅰ . ①养… Ⅱ . ①郭… ②高… Ⅲ . ①养成教育—小学—
课外读物 Ⅳ . ① G621

中国版本图书馆 CIP 数据核字（2021）第 251851 号

出 版 人　崔　刚
丛书策划　冀春雨
责任编辑　冀春雨　李家成
专家审读　刘立德
装帧设计　曹晶晶
封面插图　曹晶晶

出版发行　济南出版社
地　　址　山东省济南市二环南路1号（250002）
编辑热线　0531-86131747（编辑室）
发行热线　82709072　86131701　86131729　82924885（发行部）
印　　刷　山东彩峰印刷股份有限公司
版　　次　2022 年 2 月第 1 版
印　　次　2022 年 2 月第 1 次印刷
成品尺寸　185 mm×260 mm　16开
印　　张　4
字　　数　43 千
印　　数　1—5000 册
定　　价　12.00 元

（济南版图书，如有印装错误，请与出版社联系调换。联系电话：0531-86131736）

编 委 会

序 言

2018 年 9 月 10 日，全国教育大会在北京召开，习近平总书记强调，"要深化教育体制改革，健全立德树人落实机制"，"培养德智体美劳全面发展的社会主义建设者和接班人，加快推进教育现代化、建设教育强国、办好人民满意的教育"，"要给孩子讲好'人生第一课'，帮助扣好人生第一粒扣子"，"全社会要担负起青少年成长成才的责任"。

文化是教育的命脉，教育是文化的生机。党的十九大报告指出，"文化自信是一个国家、一个民族发展中更基本、更深沉、更持久的力量"，"推动中华优秀传统文化创造性转化、创新性发展，继承革命文化，发展社会主义先进文化，不忘本来、吸收外来、面向未来，更好构筑中国精神、中国价值、中国力量，为人民提供精神指引"。

济南出版社就是以习近平新时代中国特色社会主义思想为指导，高度落实习近平总书记关于教育的一系列重要论述，深度理解中华文化的根源与发展，追本溯源，隆重推出《养成教育》系列图书。本套图书由全国著名养成教育专家联合编写，按照一体化、分学段、有序推进的原则，图文并茂，贴近生活，把中华文化的精神全方位融入一至九年级各学段，其核心目的在于帮助青少年从小树立正确的历史观、民族观、国家观、文化观，培育健全人格，养成良好习惯，永续中华民族的根与魂，做堂堂正正的中国人。

教育不应简单以分数、升学、文凭等作为评价的导向，不应被片面地理解为科学技术知识的传递，还应注重心性的涵养、道德的培育、习惯的养成。

中国传统教育是博雅教育，既包含今天的技术教育、知识教育，又包含艺术教育、身体教育与生命教育等德智体美劳诸方面。其核心是如何使人成为全面发展的人，尤其是有道德的人。其方法是讲究涵泳，就是身临其境，获得一种真切的体会，尤其是让青少年在兴趣的培养中受到熏陶和感悟，在潜移默化中养成乐善好群、敦厚优雅的品行。它不是一种外力强加的道德说教，是真正自觉的自我教育，是生活实践式的，通过点滴积累收获自己的体验，既可以丰富青少年自身，调节性情，又通过青少年的行为影响公共事务与社会风俗。"少成若天性，习惯如自然。"从长远来看，应当把青少年的养成教育放到一定的高度，让青少年自小就能够在中华文化滋养下健康成长。这些内容既是中国传统教育思想的宝贵遗产，也是本套图书编写过程中的重要灵感来源。

　　2021年7月1日，在庆祝中国共产党成立100周年大会上，习近平总书记强调："新时代的中国青年要以实现中华民族伟大复兴为己任，增强做中国人的志气、骨气、底气，不负时代，不负韶华，不负党和人民的殷切期望！"我衷心期望《养成教育》系列图书的出版，能为新时代青少年的成长"培根""铸魂""打底色"，在收获丰富的传统本源文化知识的同时，培育他们高尚的德行、大爱的胸怀、善念的种子，并且提升为人处世、应事接物的能力，增添一份亲切而厚重的民族自豪感、文化认同感，绵绵用力，久久为功，为实现中华民族的伟大复兴凝聚智慧和贡献力量。

郭齐家

2021年7月于北京回龙观寓所

目录

1. 说说家乡新变化

当改革开放的春风拂过家乡的面庞，昔日落后贫困的小村庄发生了翻天覆地的变化。生活日新月异，家乡面貌焕然一新。请你跟随我们的脚步，一同看看家乡的新变化！

故事在线

家乡的变化

爷爷说："以前，我的家乡只是一个破旧贫穷的小山村。道路全部是坑坑洼洼的土路，晴天灰尘满天，雨天泥巴裹脚。村庄里到处都是平房瓦屋，刮风下雨时，大多数房屋会漏雨，有的甚至会倒塌。屋前的道路冷冷清清，没工厂，没商店，更不要说路灯了，整条街道简直像是封闭的一样。在当年，拥有一辆自行车代步，已经成为人们的奢望。人们那时穿的衣服都有补丁，以前有一句话说：新三年，旧三年，缝缝补补又三年。连鞋子也是靠自己那双灵巧的手做出来的，有草鞋、布鞋……"

爷爷还说："这些年在改革开放的浪潮中，我的家乡居然变成了一座繁荣而昌盛，美丽而可爱的小城市。如今，低矮、破旧的房屋已被新颖别致的

高楼大厦取代，泥泞的古道也已不见踪影。宽阔的高速公路纵横交错，四通八达。在平整、宽阔的柏油马路上，车辆穿梭来往、川流不息。道路两旁绿树成荫，人来人往。以前的瓦房现在变成了豪华的住宅，放眼望去，一栋栋崭新的高楼大厦拔地而起。儿童乐园充满着欢声笑语，彩灯喷泉将其装点得像仙境一样。商场、农贸市场的商品琳琅满目，应有尽有。真是一年一个新面貌，一年一个新气象啊！"

听了爷爷讲家乡的变化，你知道了什么呢？赶快和你的小伙伴说一说吧！

名言伴我行

仍怜故乡水，万里送行舟。

——唐·李白《渡荆门送别》

一封书未返，千树叶皆飞。

——唐·于武陵《客中》

春风又绿江南岸，明月何时照我还。

——宋·王安石《泊船瓜洲》

未到江南先一笑，岳阳楼上对君山。

——宋·黄庭坚《雨中登岳阳楼望君山》

我还知道一些名言：＿＿＿＿＿＿＿＿＿＿＿＿＿＿＿

＿＿＿＿＿＿＿＿＿＿＿＿＿＿＿＿＿＿＿＿＿＿＿＿＿

＿＿＿＿＿＿＿＿＿＿＿＿＿＿＿＿＿＿＿＿＿＿＿＿＿

 **我们在行动**

你知道自己的家乡发生了哪些变化吗？

同学们，我们生活的方方面面，每一年甚至每一天都在发生着新变化，相信你可以通过实地考察、观察、访问、搜集资料等形式，从居住环境、出行方式、文明行为等方面，发现更多家乡的新变化！在调查时记得及时做好记录，并把调查的结果与身边的同学、家长交流！

我问过爸爸妈妈，他们小时候出门都是骑自行车，摩托车非常少见。现在我们一家人经常开车出去玩。

我家附近有一条小河，我和同学一起去考察过。这条小河以前是一条臭水沟，许多人都往河里丢垃圾，臭气熏天。后来，经过精心治理，小河摇身一变，河水变得清澈见底，河面上也架起了一座小木桥，变成了人人都喜欢去游玩的地方。

知识链接

家乡新变化——交通出行篇

在中国人的出行方式上，从之前时速几十公里的绿皮火车，到如今时速300多公里的高铁；从长时间等候只为搭上一辆长途车，到如今轻轻点几下手机就能叫到的网约车。40多年前，短途出行骑上一辆"凤凰"牌自行车绝对让人刮目相看；如今，人们开着私家车跑遍大江南北也已不是什么稀罕事……交通是经济发展的基础，也是社会发展的先行官。40多年中国人民出行方式的变迁史，勾勒出改革开放以来中国老百姓生活的巨大变化和社会发展取得的巨大成就！

生活不止眼前的苟且，还有中国的高铁带你去远方！

从冰雪北国到彩云之南，从渤海之滨到世界屋脊，一条条钢铁巨龙驰骋在中华大地上，一声声汽笛轰鸣响彻神州九霄。中国铁路不断突破创新，跑出了让世界为之赞叹的"中国速度"！截至2020年底，我国高速铁路运营里程达3.79万公里，较2015年末的1.98万公里增长近1倍，稳居世界第一。"中国速度"不仅改变了我们的出行方式，让我们享受高质量的交通出行体验，更让高铁所连接、承载的城市文化和精神特质互相融合，重构着我们对于生活理念的认知体系。

共享单车，让短途出行更便捷！

随着科技的不断创新与发展，互联网、新能源、共享经济等不断渗透到我们生活的方方面面。为了解决人们出行"最后一公里"的问题，共享单车横空出世。这是一种商业模式的创新，倡导了一种健康、环保的出行方式，同时也给我们的生活带来了诸多便利。

携手共建，美好家园

1921年，参加中共一大的代表因为形势突变，紧急转移到嘉兴南湖的红船上，几经周折，"一大"在这条红船上胜利闭幕，庄严宣告中国共产党的成立。从此，星星之火被点燃。一百年来，它承载着人民的重托、民族的希望，越过急流险滩，穿过惊涛骇浪，成为领航中国行稳致远的巍巍巨轮。百年征程波澜壮阔，百年初心历久弥坚。

1949年至今，短短七十多年，对于一个国家而言，只是弹指一挥间。而伟大的中华民族，却用这七十多年的时间，实现了从"站起来"到"富起来"，再到今天"强起来"的巨变，创造了人类发展史上的奇迹。

1978年，改革开放带来蓬勃朝气，从此，中国开始走上了高速发展的道路。中国的发展奇迹，也是一代代人奋斗来的。

> 你知道为什么我们的家乡会发生如此大的变化？作为新时代社会主义接班人，我们应该怎样做才能让我们的家乡变得更美好？
>
> _____
>
> _____
>
> _____

我的收获

看到我们的家乡发生如此大的变化，结合本课所学，把自己的收获记录下来吧！

2. 纸上得来终觉浅　绝知此事要躬行

　　同学们，仅从书本上得到的知识是不够完善的，想要真正理解书中的深刻道理，我们必须躬行实践。知识来源于实践，也要运用到实践中去。这样，我们才能将学到的知识理解得更深刻、更透彻，也更便于掌握。

故事在线

纸上谈兵

　　战国时期，赵国大将赵奢有一个儿子叫赵括。赵括从小熟读兵书，爱谈军事，很多人都难不倒他。这让年少的赵括感到非常骄傲，他自认为天下无敌，没有谁能在军事上战胜他。但是他的父亲赵奢却不这样认为。在赵奢看来，赵括只不过是纸上谈兵罢了，并且说："将来赵国不用他为将则已，如果用他为将，他一定会使赵军遭受失败。"

　　公元前260年，秦军又来犯，赵军在长平（今山西晋城高平市）坚持抗敌。赵奢早已去世，时由廉颇指挥全军。面对廉颇，秦军被打得节节败退，始终不曾获得战争上的优势。于是，秦军便想出了一个反间计，即故意派人去散布"秦军最害怕赵奢的儿子赵括将军"这类言语。不明真相的赵王果然上当了，他派赵括替代了廉颇与秦军对战。

赵括虽然熟读兵书，谈论起来也头头是道，但是他并没有实战经验，只能死搬兵书上的条文。不切合实际情况的作战方案，最终导致四十多万赵军被秦军歼灭，而赵括自己也被秦军箭射身亡。

读完"纸上谈兵"的故事，你知道了什么呢？赶快和你的小伙伴说一说吧！

赵括从兵书上学到了很多军事理论，但是他没有进行实践，这种只空谈教条却不积极实践的做法显然是导致他与秦军对战失败的根本原因。

对于在课堂上或书本上学习到的知识，我们不能光背下来或理解了就可以，还要结合生活实践学会去运用。

名言伴我行

不闻不若闻之，闻之不若见之，见之不若知之，知之不若行之。

——《荀子·儒效》

学者贵于行之，而不贵于知之。

——北宋·司马光《答孔文仲司户书》

天下之事，闻者不如见者知之为详，见者不如居者知之为尽。

——南宋·陆游《书巢记》

心中醒，口中说，纸上作，不从身上习过，皆无用也。

——清·颜元《存学编》

你知道上面的这些名言警句是什么意思吗？我还知道的名言有：_____

_____

_____

我们在行动

　　作为新时代的少年儿童，我们要有勇于探索、勤于实践的精神。相信在生活中有很多同学都参加过各种各样的实践活动，你能和小伙伴们分享一下吗？

> 　　在家里，我经常帮妈妈包饺子，掌握了包饺子的基本方法；我经常种植瓜果、蔬菜，并了解了一些现代农业的科学知识；我还……

我种植的蒜苗发芽了　　　　　我学会了包饺子

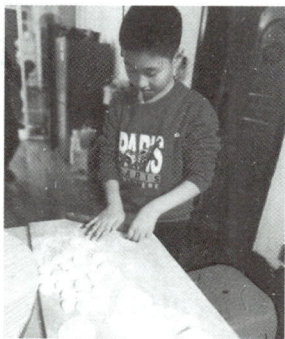

> 　　在学校里，我加入了科学兴趣小组，通过小实验和各种研究活动，我制作了很多科技小发明；我参加了学校组织的"童心向党"演讲比赛活动；我还……

科技小发明　　　　　　"童心向党"演讲比赛

在社会上，我走进了敬老院，看望、慰问敬老院的老人，给他们送去关爱和温暖；我经常走进社区清扫垃圾，用自己的实际行动保护环境、爱护家园；我还……

走进敬老院

走进社区

上面的同学们参加了许多实践活动，不仅对课本上所学的知识有了进一步的了解，还提升了合作探究能力。相信你也参加过许多实践活动，快把它记录在实践活动表中吧！

实践活动表			
实践主题			
实践地点		实践时间	
实践目的			
实践过程			
实践收获			
自我评价		家长评价	教师评价

知识链接

冬夜读书示子聿

陆游

古人学问无遗力，

少壮工夫老始成。

纸上得来终觉浅，

绝知此事要躬行。

宋宁宗庆元五年（1199年），在一个冬日的夜晚，诗人陆游沉醉于书房，乐此不疲地读书。窗外，北风呼啸，冷气逼人。在这寒冷的夜里，他抑制不住心头奔腾踊跃的情感，写下了《冬夜读书示子聿》这首哲理诗，并满怀深情地送给了儿子子聿。

前两联，陆游赞扬了古人刻苦做学问的精神。他语重心长地告诫儿子，趁着年少精力旺盛，抓住美好时光奋力拼搏，莫让青春年华付诸东流。后两联，陆游则强调了做学问的功夫要下在哪里。书本知识是前人实践经验的总结，而要想真正理解，并内化成自身的认知，就一定要躬行实践。陆游的意图非常明显，旨在告诫儿子不要片面满足于书本知识，而应在实践中夯实和进一步获得升华。

《冬夜读书示子聿》是陆游晚年写的教子诗，在这一七言绝句中，诗人陆游告诉儿子，做学问要有"从实践中来，到实践中去"的精神。一个既有书本知识，又有实践精神的人，才能成为真正有学问的人。

我的收获

同学们，通过今天的学习，你有了哪些新的收获呢？快来写一写吧！

3. 读名著　品经典

　　名著是人类文化的精华，更是书中的精品。阅读名著如同与大师携手，不仅可以增长见识、启迪智慧，还能让你领略到读书的价值和意义。让我们走进名著，尽情遨游在名著的海洋里，感悟读书之乐，让阅读成为生活的一部分。

故事在线

孙权劝学

　　东汉末年，鲁肃路过浔阳，见到了武将吕蒙。从二人交谈中，鲁肃发现吕蒙出口成章，不由得惊叹："我本以为老弟只懂武略，现在看来，你学识渊博，再也不只是一介武夫了！哪位高人指点了你呢？"

　　原来，吕蒙从小没上过学，没什么文化。一天，孙权对吕蒙说："你现在是独当一面的大将军了，不能不学习啊！"吕蒙一听"学习"两个字，就为难地说："您也知道，我军务繁忙，每件事情都需要过问，恐怕挤不出时间啊！"

　　孙权听了，笑着说："你有我忙吗？不管多忙，我每天都要抽时间读书学习。况且，我只是让你多读一些书，能从中得到点儿启发罢了，并没有要求你成为专家学者啊！"然后，孙权向吕蒙推荐了《孙子兵法》《史记》等典籍，并嘱咐说："读书的时间，总是要自己去挤的。从前光武帝刘秀行军打仗时，都拿着书不肯放下呢。你更应该趁着年轻多读些书才对呀！"

就这样，吕蒙回去便开始学习识字，学习知识，书不离手，坚持不懈，终于学有所成，让人们刮目相看。后来，吕蒙进献奇计，和陆逊一起打败蜀军，为东吴取得了荆州。

> 在学好本领的基础上再进一步读一些哲学、文学、史学方面的典籍，吸取前人的智慧，为我所用。

> "书中自有黄金屋，书中自有颜如玉。"所以我们应当多读书，读好书，持之以恒，必定会有一番大作为。

通过阅读故事，我还知道了＿＿＿＿＿＿＿＿＿＿＿＿＿＿＿＿＿＿＿

＿＿＿＿＿＿＿＿＿＿＿＿＿＿＿＿＿＿＿＿＿＿＿＿＿＿＿＿＿＿

＿＿＿＿＿＿＿＿＿＿＿＿＿＿＿＿＿＿＿＿＿＿＿＿＿＿＿＿＿＿

名言伴我行

兴于《诗》，立于礼，成于乐。　　　——《论语·泰伯》

不览古今，论事不实。　　　——东汉·王充《论衡·别通》

旧书不厌百回读，熟读精思子自知。

　　　——宋·苏轼《送安惇秀才失解西归》

熟读唐诗三百首，不会作诗也会吟。

　　　——清·孙洙《唐诗三百首序》

我还知道关于读书的名言有：＿＿＿＿＿＿＿＿＿＿＿＿＿＿＿

＿＿＿＿＿＿＿＿＿＿＿＿＿＿＿＿＿＿＿＿＿＿＿＿＿＿＿＿＿

我们在行动

　　经典名著是文化的精粹，是人类文明的积淀。因为经典作品内容丰富，文字精练，在阅读时可以让你走进大师们笔下的世界里，和书中的人物交流，从他们那里汲取知识和营养。同学们，你们都读过哪些经典名著呢？快和你的小伙伴分享一下吧！

【名著分享会】

1. "优秀名著我推荐"。同学们可以向更多小伙伴推荐自己喜欢的名著，将书的名称和作者写在阅读卡上。

2. "经典人物我介绍"。你最喜欢名著中的哪个人物，说说你为什么喜欢他（她）？也可以把你喜欢的精彩篇章介绍给小伙伴。

3. "我的最爱我分享"。同学们可以把你喜欢的名著中的经典语句记录在阅读卡上。

4. "我的收获我来谈"。把你读完后的感受和收获记录下来吧！

名著阅读记录卡			
名著名称		作者	
介绍名著			
我的摘抄			
我的收获			

【我的阅读计划】

听了同学们的读书分享，你肯定有自己很喜欢的经典名著吧！现在就开启你的名著之旅，制订一份属于自己的阅读计划吧！

我的阅读计划

_____

_____

知识链接

【读书正当时】

听习主席分享读书心得

每年的4月23日是世界读书日。习主席把读书作为一种爱好，作为一生的习惯。他善于向古人借智慧，在多次的讲话中引用古今中外名句。读书正当时，让我们一起听习主席讲述读书心得吧！

【为何读书】

我爱好挺多，最大的爱好是读书，读书已成为我的一种生活方式。

——2013年3月19日习近平接受金砖国家媒体联合采访时说

读书可以让人保持思想活力，让人得到智慧启发，让人滋养浩然之气。

——2014年2月7日习近平接受俄罗斯电视台专访时说

人民群众多读书，我们的民族精神就会厚重起来、深邃起来。要提倡多读书，建设书香社会。

——2019年8月21日习近平到甘肃考察在《读者》编辑

部同工作人员交流时说

【怎么读书】

注意联系实际

学术、知识不能只是在嘴上，要联系实际，做到知行合一、格物致知、学以致用。

反复读、仔细品

"书读百遍，其义自见。"功夫下到一定程度，就能达到出神入化的境界。一本好书、一篇好文章，要反复读、仔细品，甚至把相关书籍和背景材料找来对照读、比较读，彻底琢磨清楚。

终身坚持

读书最可贵的是终身坚持，无论处于哪个年龄段都孜孜不倦地读书。

读万卷书，行万里路

青年要成长为国家栋梁之材，既要读万卷书，又要行万里路。

【读什么书】

读经典

先贤们的思想结晶，许多人的智慧和成功的经验都在书里，无须经其同意便可拿来为我所用，何乐而不为呢？只有愚蠢的人才不去读书。

读古今中外

我们提到老子、孔子、孟子，想到的是《道德经》《论语》《孟子》；提起陶渊明、李白、杜甫，想到的是他们的千古名篇；说到柏拉图、莎士比亚、亚当·斯密，想到的也是他们的《理想国》《哈姆雷特》《国富论》。如果不把心思和精力放在创作精品上，只想着走捷径、搞速成，是成不了大师、成不了大家的。

我的收获

　　同学们，我们从小就应该品读经典名著，开阔自己的视野，让名著陪伴我们成长。通过今天的学习，你有哪些新的收获呢？快在下面写一写吧！

4. 垃圾分类我会做

蓝天是白云的家，大海是鱼儿的家，森林是小鸟的家，地球是我们共同的家。随着人们生活水平的提高，产生的垃圾也越来越多。垃圾分类是垃圾减量的有效措施，是每个公民应尽的义务。垃圾分类人人有责，人人参与，人人受益！

故事在线

垃圾伤人事件并不罕见

2014年，哈尔滨市南岗区公司街15号院内，保洁员刘女士在锅炉厂房一处角落清扫垃圾时，突然垃圾堆内发出一声巨响，原来是垃圾堆里面有不明物品发生了爆炸，导致她全身多处受伤。根据救助医生介绍，刘女士双眼眼角膜受损，还从其眼部取出了玻璃碎片，手上也有局部烧伤。

2016年5月，广东一名52岁环卫工被垃圾中的不明物体炸伤，左前臂当场被炸断，双眼球挫伤。经过医护人员全力抢救，伤者已经脱离了生命危险，但由于残肢不适合再植，医院为其做了左前臂离断伤残端修整术。事后警方认定系装修垃圾内物品与铁铲碰撞发生化学反应导致爆炸。

2017年，云南易门县也曾发生类似事故。环卫工人李云芬在进行清扫作业时，不慎被垃圾中的铁皮划伤，导致左手大拇指血管被划断。由于伤势较为严重，李云芬被紧急送往昆明做相关手术。

2018年除夕夜，浙江一名环卫工人在清理垃圾时，双手被垃圾中的一瓶强酸化学品腐蚀。化学品对人体造成的伤害不仅难以治疗，更会产生一辈子的创伤！

2020年7月11日下午5时许，家住保定曲阳县天地福园小区的8周岁女孩妮妮，在楼下玩耍时，她看到单元门口旁边放有一个蛇皮袋，里面鼓鼓囊囊的。好奇心正盛的妮妮上前用右脚踢了一下袋子，没想到这一脚给她带来了终生难忘的伤害。原来，袋子里装满了碎玻璃，而妮妮正好踢在了碎玻璃的尖角上，锋利无比的玻璃将她的脚割伤，血流不止。主治医生表示，虽然脚筋接上了，但妮妮右脚将来的行走等功能将受到影响。

读了上面的案例，你一定有很多话想说……

环卫工人为我们美好的生活环境付出了太多汗水，甚至是自己的生命健康。我们一定要关爱他们，不乱丢垃圾！

我还想说……

名言伴我行

垃圾分类工作就是新时尚！

——2018年11月6日习近平在上海考察时的讲话

实行垃圾分类，关系广大人民群众生活环境，关系节约使用资源，也是社会文明水平的一个重要体现。

——2019年6月习近平对垃圾分类工作作出重要指示

世界上没有垃圾，只有放错地方的宝藏。

——[意]但丁《新生》

大地给予所有的人是物质的精华，而最后，它从人们那里得到的回赠却是这些物质的垃圾。 ——[美]惠特曼《草叶集》

垃圾分类，人人有责！我还知道一些关于垃圾分类的名言：_____

_____

_____

我们在行动

垃圾分类倡议书

亲爱的同学们：

地球是一个美丽、可爱的蓝色星球，是人类共同的家园，我们每一个人都不离开它。可随着生活垃圾的日益增多，环境污染也越来越严重。要解决这些垃圾所带来的问题，我们可以通过减少垃圾排放，改善生产、生活方式，还可以通过垃圾分类的方法，解决垃圾处理和污染问题。为了保护生态环境，我们倡议：

一、树立"环境保护从我做起、从身边做起"的理念，强化节能减排意识，养成良好的卫生行为习惯。

二、按照分类垃圾桶或垃圾箱分别投放垃圾，养成不随手扔垃圾和垃圾分类投放的习惯。

三、少使用或不用一次性用品、塑料袋；少制造垃圾，特别是不易分解和有毒有害的垃圾，能循环利用的物品必须做到循环利用。

四、让垃圾分类走进社区，走进家庭，开展"小手拉大手"的活动。

我们还可以通过每日记录，养成分类投放垃圾的好习惯！

家庭垃圾分类记录表

调查人员：＿＿＿＿＿＿＿＿　　　　　　观察时间：＿＿＿＿＿＿＿＿

垃圾名称	数量	垃圾分类				调查心得
		可回收垃圾	有害垃圾	干垃圾	湿垃圾	
香蕉皮	3				√	

知识链接

垃圾不分类有哪些危害

垃圾不分类会侵占地表、污染环境、传播疾病、污染土壤和水体，甚至会对人的生命安全造成威胁……

一、侵占地表

大批垃圾挤占了宝贵的土地资源和生存空间，严重影响了工农业的正常生产。同时也破坏了地球表面的植被，影响了自然环境的美观，更打破了大自然的生态平衡。

二、污染环境

部分固体废弃物含有各种有害物质，处理不当则会直接污染土壤、空气和水源，并最终对人类自身造成危害。

三、传播疾病

部分垃圾含有大量微生物，这是病菌、病毒、害虫等的滋生地和繁殖地，处理不当则会严重危害人类健康。

四、污染土壤和水体

垃圾渗出液可以改变土壤成分、结构和理化性质，使土壤保肥、保水能力大大下降。

部分垃圾中含有大量有机污染物和有毒的重金属等，在雨水的作用下，这些有害物质被带入水体，会造成地表水或地下水的严重污染，影响水生生物的生存和水资源的利用。

垃圾分类好处多

垃圾分类是垃圾进行科学处理的前提，为垃圾的减量化、资源化、无害化处理奠定基础。

一、减少占地。生活垃圾中有些物质不易降解，通过垃圾分类，去掉能回收的、不易降解的物质，可以减少垃圾数量达50%以上。

二、减少环境污染。废弃的电池含有金属汞等有毒物质，处理不当则会污染生态环境，对人类造成严重威胁；废塑料进入土壤后会导致农作物减产。因此，妥善处理这些有毒、有害垃圾可以减少环境污染。

三、变废为宝。1吨废塑料可回炼600千克无铅汽油和柴油。回收1吨废纸，可重新造出好纸800千克，可节约木材300千克。因此，垃圾回收既环保，又节约资源。

你知道垃圾分类处理还有哪些好处吗？

我的收获

通过本课的学习，你一定收获了很多关于垃圾分类的知识，也一定能够在日常生活中做到垃圾分类。请把你的收获记录一下吧！

5. 健康上网要自律

随着科学技术的飞速发展，社会已进入信息时代和网络时代。健康自律地上网不仅可以改变人们学习、交往、思维的方式，还能拓宽我们认识世界的视野，增加获取知识的途径，提高自身能力。

故事在线

网络少年李骁

15岁的李骁是重庆外语学校高一学生，从小酷爱电脑，曾多次在计算机竞赛中获奖。他被中国计算机学会破格录取为会员，成为中国计算机学会成立以来年龄最小的会员，负责管理"信息学奥林匹克官方网站"和"信息学初学者之家"两个注册会员达数千人的网站。此外，他还负责重庆外语学校校网的网络安全和管理工作。其卓越的计算机才能引起了某著名互联网公司的注意，特邀其参观公司总部。在总部大楼里，李骁受到了公司几名高层接见。他们告诉李骁，邀他来参观的原因是公司正在全球寻找计算机天才，希望他学成后加入。

李骁从小学一年级便开始接触电脑。到三年级时，颇有天赋的他就成功辅导母亲通过了教委组织的计算机技能考试，被周围的同学、老师、亲朋誉为电脑天才。但这个天才差点毁在网络游戏上。

"如果不是老师一句话，我就毁了！"李骁感叹地说。在小学五六年级时，他痴迷网络游戏到了极点。父母的劝诫，他根本听不进去。初一的摸底考试，全班共50人，小学年级成绩名列前茅的李骁竟考了班上第42名！班主任得知他的情况后，对他说："你游戏打得再好，也是别人设计的，你设计得出来吗？"就是这句话，让好强的李骁断然戒掉了网络游戏，把业余时间都投入到程序编写和网络架构的研究中。

如今，他虽天天接触电脑，但已有三年没打过网络游戏了。他还劝沉迷于游戏的学生尽早走出网游。

> 通过李骁的故事，我们知道了要正确使用网络工具，善于网上学习，使用网络提高自己的学习能力。

> 网络少年李骁取得的成绩，离不开他的自律。

通过这个故事，我还知道了 _____

_____

名言伴我行

欲虽不可尽，可以近尽也；欲虽不可去，求可节也。

——《荀子·正名》

鱼乘于水，鸟乘于风，草木乘于时。

——西汉·刘向《说苑·建本》

反水不收，后悔无及。

——南朝宋·范晔《后汉书·光武帝纪上》

乐不可极，极乐成哀；欲不可纵，纵欲成灾。

——唐·吴兢《贞观政要·卷八·论刑法》

我还知道关于网络自律的名言警句：＿＿＿＿＿＿＿＿＿＿＿＿

＿＿＿＿＿＿＿＿＿＿＿＿＿＿＿＿＿＿＿＿＿＿＿＿＿＿＿＿＿＿

＿＿＿＿＿＿＿＿＿＿＿＿＿＿＿＿＿＿＿＿＿＿＿＿＿＿＿＿＿＿

＿＿＿＿＿＿＿＿＿＿＿＿＿＿＿＿＿＿＿＿＿

我们在行动

随着科技水平的提升，互联网也成为我们生活的一部分。网络在为我们提供便利的同时，也给我们带来了一些潜在的危害。

请同学们仔细观察图片，想一想，要做到健康上网、文明自律，我们应该怎么做？

【案例分析】

一、让我们来听听小明的心理陈述：

以前我学习优异，自从接触了网络游戏，就无法控制自己，我的成绩也一落千丈。有时候趁家人睡着后，我半夜偷偷爬起来上网、玩游戏，导致一整天都无精打采。父母和老师的劝说让我决定改变，但是没几天又开始破罐子破摔。我生活作息极其不规律，很难完成学习、健身、早睡早起的计划。

听完小明的心理陈述，你能来帮帮他吗？快和小伙伴说说你的想法吧！

_____

_____

二、小李的网络生活：

上初二的小李已经有三年的上网经历。在家中，小李为爷爷查找了许多养花的知识，为奶奶下载了最爱听的黄梅戏；在学校里，他经常根据课文查找资料，加深了对课文的理解。小李每天做完作业以后，有时上网查找课外知识，有时欣赏音乐，有时在网上学一些小实验。由于时间安排合理，他不但学习成绩很好，身体也很棒。小李经常自豪地说："正确使用网络对我的学习帮助很大，只要不过度，爸爸妈妈和老师都会支持我的。"

> 为什么小李的爸爸妈妈和老师会支持他上网呢？说说你的观点和想法。
>
> _____
>
> _____
>
> _____

知识链接

网络是把双刃剑

网络是新时代的科技产物，已成为人与人之间沟通的桥梁、了解外面世界的途径，重要性不言而喻。例如，医生可以利用它会诊定方，教师可以利用它远程教育，学生可以利用它开阔视野、查找资料、扩大知识面等。

网络是把双刃剑，在给我们带来便利的同时，也带来了许多隐患，如青少年沉迷于网络游戏，网络成瘾等。

网络的出现和发展，对人类的日常生活产生了巨大的影响。青少年上网利与弊同时存在，我们需要持谨慎的态度。同时，青少年自身也要提高鉴别能力，提高对各种诱惑的抵抗能力，健康上网，自律上网，杜绝网瘾。

青少年健康上网小贴士

1. 利用业余时间上网，上网时间每天控制在两个小时以内。

2. 上网要有明确的目的，利用网络获取有益的知识，要善于网上学习，不浏览不良信息。

3. 要诚实友好交流，不侮辱欺诈他人。

4. 要增强自我保护意识，不泄露个人信息。

5. 要维护网络安全，不破坏网络秩序。

6. 不沉溺虚拟时空，培养自我约束的能力。

同学们，我们青少年是网络文明的受益者，更应该成为网络文明的建设者。我们要齐心协力，弘扬网络文明，倡导健康生活。下面请同学们一起制订几条健康上网自律清单，共同营造积极健康的网络环境。

_____

_____

_____

我的收获

通过本课的学习，你一定收获了很多关于健康上网的知识，相信你也一定能够在网络时空中健康地遨游。请把你的收获记录下来吧！

6. 我当社区保洁员

社区是大家共同生活的地方，也是人们的第二个家。春天，我们可以在社区的地面上寻找破土而出的嫩芽；夏日，我们可以在社区的绿荫下静坐乘凉；秋日，我们可以在社区金色地毯上尽情玩耍；冬天，我们可以在社区的广场沐浴暖阳。社区是我家，社区卫生靠大家。今天，就让我们行动起来，争当社区保洁员！

故事在线

保洁员的一天

物业保洁，一个平凡但不可或缺的岗位，承载着我们生活中随处可见的美好。伴随着清晨的第一缕阳光，让我们一起走进物业保洁的一天。

为了不占用电梯，不影响业主上班、孩子上学，凌晨4：00，小区的保洁人员已经换好工装，集合组织晨会，准备开始一天的工作。

主干道卫生清理

清扫主干道垃圾，倾倒区域内所有垃圾桶，并对垃圾桶进行清洗。彻底清扫小区铺装路面和柏油路面，让业主早上出门便能看到干净整洁的社区环境，拥有一整天的好心情。

楼内卫生清理

接着，从业主入户大堂着手，对大堂和电梯轿厢进行清理，保证边边角角无积尘无蛛网。仔细擦拭电梯轿厢四壁、按钮，确保墙面无手印、轿厢无异味。楼道、扶梯、走廊、墙角、楼梯夹线等，只要有污垢，就有保洁的身影。

社区内卫生清理

随时清理小区道路上出现的垃圾；及时打捞水池里飘散的落叶；每日擦拭指示牌、垃圾桶、摆件、公共座椅。夏季蚊蝇多，定期进行蚊蝇消杀。下水道、雨水井、水景泵池等地下管道的清理同样不可忽视，及时清理保障雨季及时排水，也更方便业主出行。

长柄刷、大扫把、尘推、垃圾斗、抹布、拖把，是他们的秘密武器。他们用最平凡、最朴素的劳动打造了一条条亮丽的风景线，让园区的每一天都洁净如新。他们是小区的"美容师"，可以让业主在小区中有随处可见的美好。

他们迎接每天的第一缕晨曦，日复一日，年复一年，兢兢业业，任劳任怨。无论是三伏酷暑还是数九严寒，无论是风雨交加还是满天飞雪，他们始终坚守在工作第一线。

读了上面的案例，你一定有很多话想说……

保洁员为我们的社区环境付出了太多的汗水和辛劳，我们一定要关爱他们，尊重他们的劳动成果！

我们可以利用周末和假期做一些力所能及的事，减轻他们的劳动量。

名言伴我行

生态环境保护是功在当代、利在千秋的事业。

——2013年5月24日习近平在主持十八届中央政治局第六次集体学习时的讲话

生态文明建设同每个人息息相关，每个人都应该做践行者、推动者。

——2017年5月26日习近平在十八届中央政治局第四十一次集体学习时的讲话

环境就是民生，青山就是美丽，蓝天也是幸福。发展经济是为了民生，保护生态环境同样也是为了民生。

——2018年5月18日习近平在全国生态环境保护大会上的讲话

保护生态环境就是保护生产力，改善生态环境就是发展生产力。

——2021年4月22日习近平出席领导人气候峰会时强调

我还知道一些名言：＿＿＿＿＿＿＿＿＿＿＿＿＿＿＿＿

＿＿＿＿＿＿＿＿＿＿＿＿＿＿＿＿＿＿＿＿＿＿＿＿＿＿＿

＿＿＿＿＿＿＿＿＿＿＿＿＿＿＿＿＿＿＿＿＿＿＿＿＿＿＿

我们在行动

社区实践——我是小小保洁员

利用周末或假期，我们可以三人一行、五人一组，在小区内做保洁员，用我们的双手让社区环境更加整洁，更加美丽！

　　请你也像上图中的同学们一样，和小伙伴们携手一起，做一名社区保洁员吧！你可以先设计具体的活动方案，按照方案进行，会让此次活动更有意义！在下方的空白处贴一贴你们的活动照片吧！

贴照片处

知识链接

小学生开展志愿者活动

　　为了强化市民讲文明、爱护环境的意识，提高市民的环保素质，2021年7月27日，济宁市霍家街小学三（2）中队的雏鹰小队，到翰林街社区做志愿者活动。

作为志愿者的他们，顶着烈日，不怕累、不怕脏，认真清理垃圾。同时，做好宣传工作，呼吁大家讲文明，保护环境。

活动开始后，雏鹰小队的队员们积极主动地按照分组行动起来。尽管地面都是泥巴，垃圾也都嵌在泥巴中，但是没有一个队员面露嫌弃的表情，只要见了垃圾，都会毫不犹豫地捡起来。

一个小时过去了，两个小时过去了……最终，活动在一片笑声中结束了。天很热，队员们却热情高涨，大包的垃圾不是战利品，最终目的是呼吁更多的人保护环境，保护我们的家园！捡垃圾不是我们要的，我们要的是不要随地丢垃圾！

生活中有许许多多的小细节，你不经意间做出的一个小动作，就决定了你这个人是否文明。我们每天背着书包去学校的时候，清洁工人已经把马路打扫得干干净净。走在如此洁净的大街上，我们不能乱扔垃圾，不能随地吐痰。我们播下一个动作，便收获一个习惯；播下一个习惯，便收获一种品格。此次的活动非常有意义，孩子们也在实践中成长了很多。

赠人玫瑰，手留余香。雏鹰小队的队员们用自己的实际行动，以满腔的热情，向人们传递着丰富的文明信息：社区是我家，文明靠大家。让我们从现在做起，从自己做起，从生活中点点滴滴的小事做起，养成良好的文明习惯，共建美好家园，做一名文明的小学生。

我的收获

学习了本节课的内容，你一定有非常多的收获吧！请用你喜欢的方式记录下来吧！

7. 言必信 行必果

伟大的中华民族，其博大精深、源远流长的民族文化自古就影响着我们，培养出一代代优秀的子孙。"言必信，行必果。"这则人生信条如茫茫航路中的一盏明灯，指引着我们前进的方向；如寒冷冬夜里的一把火炬，温暖着我们冰冷的心灵；如严冬过后的丝丝春雨，滋润着我们干涸的心田。古往今来，无数人凭借着这则信条成就了自我，叩响了成功的大门。

故事在线

曾子杀猪

一日，曾子的小儿子吵着要和母亲一起去集市，曾子的妻子碍于集市路途遥远，带着小孩不方便，于是随口哄哄："如果你不闹着去，回来我就杀猪给你吃。"小儿子猛点头，高兴地答应了。

中午，曾妻回来。曾子说："可以杀猪了。"曾妻摇头，说："现在把猪杀了，过大年没猪肉吃，怎么办？""你不是答应孩子给他吃肉吗？""那只是哄孩子的话，你真把猪杀了？""对孩子讲话要守信用，你这样是教孩子骗人嘛！"曾妻这才答应曾子杀猪，以兑现对小儿子的承诺。

曾子坚守对孩子的承诺，维护曾妻母亲的形象，甘愿过年没肉吃。没肉吃的损失是小，孩子内心的伤害却无法计量。

替夫还债故事感动中国

这是一座简陋的灰砖黑瓦平房。青色的苔痕爬上墙根，底层的灰砖表面已经开始剥落，木门两旁褪色的对联残破不堪。就在这座普通的房屋门左边，两年前曾张贴一张通告："各位乡亲好友，如有与死者王云林生前有经济来往账目的，即日起请与其家属联系，以待清理解决。家属：陈美丽。"正是这张"替夫还债"通告，让这个名叫陈美丽的村妇感动了众人。

2007年4月9日，陈美丽的丈夫扑救山火意外身亡，给她留下了数万元债务。丈夫因公死亡有一笔赔偿金。陈美丽原本可以把赔偿金用来维持一家子的生计，因为丈夫留给她的确实是一个十分困难的家：一位64岁的老母亲，一个智力严重受损、生活无法自理的弟弟，一个7岁的大女儿和一个只有10个月大的小女儿。她完全有理由这样做。然而，让债主们没有想到的是，在丈夫去世6天后，这位只上过小学的村妇忍受着巨大悲痛，跟婆婆商量，要用丈夫的死亡赔偿金来清偿债务，并请村小学教师帮忙写了为亡夫还债的通告，贴在自家外墙上。

第二天，第一位债主上门说："你老公在我那里买了稻谷，还有六七百块钱没给。"虽然债主没有提供任何凭据，但陈美丽如数支付。债主坐在陈美丽家门口忍不住感慨，没想到这个普通的农村妇女有这么大的气量。随后的一个多月里，有10多个债主上门报账，债务总额达5万多元。其中的一半，陈美丽从没听说过，债主也没有凭据，她也都一一偿还了。

总共6万多元的死亡赔偿金，除2万多元用于支付抢救丈夫的医药费和后来的丧葬费，剩下全部用来还了债，还有1万多元债务再也无力偿还。还债后家庭生活更加困难：小女儿生病后，没钱去医院看病；交不起学费，大女儿面临辍学。即便如此，陈美丽跟婆婆依然坚定自己的信念："我们宁愿自己受苦，也不能让别人吃亏。欠了钱，就得还给人家。"陈美丽还坚定地说："不管将来怎么样，我都不会扔下婆婆的。"

"人死债不烂"，陈美丽朴实无华的行为感动了当地村民，一些曾经欠他们家钱的人也主动上门还债。陈美丽替夫还债的义举经媒体报道后，在全国引起强烈反响。社会各界纷纷伸出援助之手，目前丈夫所欠的债务基本还清。

古有"曾子杀猪"，今有"陈美丽替夫还债"，读了这两则故事，你有何感想？

曾子为了不失信于孩子，竟真的把猪杀了煮给他吃，目的在于用诚实守信的人生态度去教育后代、影响后代。

陈美丽言而有信，用朴实无华的行为感动了全国人民！

我还想说……

名言伴我行

与朋友交，言而有信。　　　　　　——《论语·学而》

古者言之不出，耻躬之不逮也。　　——《论语·里仁》

轻千乘之国，而重一言之信。　　——《孔子家语·好生》

诚者，天之道也；思诚者，人之道也。

　　　　　　　　　　　　　　——《孟子·离娄上》

　　上面的名言告诉我们，诚信在人际交往中起着非常重要的作用。你也一定能收集更多关于诚信的名言警句，请你积累下来吧！_____

_____

_____

_____

我们在行动

　　我们可以把收集到的关于诚信的故事和名言警句做成手抄报，向更多的人宣传诚信的重要性！

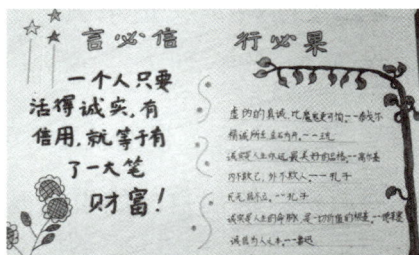

我的作品

知识链接

诚信公约倡议书

诚信是中华民族的传统美德，是一切道德的基础，是为人处世最重要的品质，更是一个社会赖以生存和发展的基石。俗话说："人无信则不立。"伟大的教育家、思想家孔子也曾说："人而无信，不知其可也。"可见"诚信"是做人的根本。为此，我们倡议：

在社会中：明理诚信，严守公民道德；实事求是，倡导良好社会风尚；真诚待人，恪守承诺；崇尚科学，追求真知，做一个有知识、有道德、守法律、讲诚信的小公民。

在家庭中：热爱家庭，孝敬父母，尊重长辈，不做"小皇帝""小公主"；提倡俭朴生活，合理消费；提倡自己的事自己做，为父母分担力所能及的家务劳动；言行一致，敢于负责。

在学校中：热爱学校和班级，热爱老师和同学；严格遵守校纪校规；为人诚实，讲信用，重信誉；做一个对同学有帮助、对班级和学校有贡献的人。

"对人以诚信，人不欺我；对事以诚信，事无不成。"作为新时代的接班人，我们要树立起"做诚信人、说诚信话、做诚信事"的诚信观念，培养诚信意识，珍视诚信价值，推动诚信教育，让我们携起手来，将诚信进行到底！

我的收获

通过本课的学习，你一定收获了很多关于诚信的知识，也一定能够按照倡议书的要求，做一个诚实守信的人。请把你的收获记录一下吧！

8. 做一名合格安全员

　　安全遍布于我们生产、生活的每一个角落，是人类最重要、最基本的需求，是人民生命与健康的基本保证。安全员对整个安全工作质量有着决定性的影响。一名合格的安全员不仅要时时刻刻关注安全，要有较强的责任心，还要掌握一定的安全知识，学会自护自救的本领。做名合格安全员，让灾难远离我们。

故事在线

安全员陈彬

　　陈彬是西洋实业铁路部的一名安全员。他经常说："一颗小小的螺丝、一处不起眼的坑洼，如果没有被及时发现和处理，都有可能演变成一场安全事故。作为一名老安全员，对待安全工作必须要打起十倍精神，不仅要善于发现危险，还要想尽办法避免危险的发生。"他是这么说的，也是这样做的。

　　2017年，这一年西洋实业专用铁路钢轨断裂了10余次，这对铁路行车来说无疑是一种潜在的安全风险，稍有不慎就会造成安全事故。有一次，陈彬和往常一样对铁路线路进行例行巡查，发现南头警冲标内方的一段钢轨断裂，他还没来得及向上级汇报险情，前方就有车辆向该道路驶来。在这危急的时刻，陈彬凭借他多年的专业经验，用短枕木和胶垫暂时铺平了钢轨，还临危不乱地用手势示意司机"减速慢行，随时注意停车"。最终列车安全地驶过了这一危险地段。

安全员陈彬对待工作的态度非常严谨，平日里他加强自身业务学习，危机时刻凭借自己的专业经验，指挥列车安全驶过危险地段。

陈彬作为铁路安全员，始终把安全二字放在心中，他的这种"干一行，爱一行"的工作态度值得我们学习。

通过这个故事，我知道了_____

_____

名言伴我行

> 危者使平，易者使倾。　　　　——《周易·系辞下》
>
> 于安思危，危则虑安。　　　　——《战国策·楚策四》
>
> 临事而惧，希不济。　　　　　——《尸子·发蒙》
>
> 弄刀者伤手，打跳者伤足。
>
> 　　　　　——三国蜀·诸葛亮《便宜十六策·阴察》

我还知道一些名言：_____

_____

_____

_____

我们在行动

　　"百善文明为先，万思安全为重。"为了进一步增强社区居民和青少年的安全消防意识，学习基本的自救逃生技能，我们将开展"我是小小安全员——社区消防安全宣传活动"。请同学们根据下面的活动方案，让我们走进社区，一起行动起来吧！

一、社区消防安全宣传活动

活动目的：通过"我是小小安全员"活动，让社区居民了解相关的安全常识，重视消防安全并掌握一定的灭火、自救和逃生方法，起到消防安全宣传的本质作用。

活动重点：让学生和社区人员在演练中掌握扑火和灭火的方法，提高安全意识。

活动准备：第一，学生收集关于"消防事故"的实例和消防安全常识；第二，灭火工具和燃烧物资；第三，活动所需的其他道具，如电话、毛巾、水等。

活动过程：首先，组织安全员上台分享收集的"消防事故"，以此加强学生和社区人员的火灾防范意识和安全意识。其次，将学生分成若干个实践小组，每个小组邀请两名社区人员加入，共同完成火灾扑救和逃生的演习过程，以此让学生和社区人员在逼真的演练中掌握相应的消防安全知识。最后，和社区居民宣传消防安全常识。

通过"我是小小安全员"的活动，同学们深刻感受到了消防安全的重要性，学会了火灾扑救和逃生的方法，提升了安全意识。在本次活动中，你肯定有许多的想法和收获，请你记录下来吧！

为了使"小小安全员们"更加关注生活中可能存在的安全隐患，提高家庭安全防范意识和发现问题的能力，让我们一起走进家中，去排查更多可能存在的家庭安全隐患并进行有效的防范。

二、家里安全隐患排查活动

活动目的：提高学生发现安全隐患的能力，并促进学生良好生活习惯的养成。

参与人员：学生和家长。

参与地点：学生自己家中。

活动过程：首先，学生同家长一起，排查家中可能存在的安全隐患。其次，针对排查出的隐患，立即采取措施整改。例如，针对煤气泄漏这一隐患，我们可以及时关闭煤气阀门，并定期进行检修；针对电路老化这一隐患，我们可以不同时使用大功率的电器，如热水器、电磁炉、电暖气等，同时还要及时更换电路。这些方法都能够有效预防安全事故的发生。最后，完成家庭安全隐患记录表。

家庭安全隐患记录表			
序号	排查内容	存在的问题	防范措施

安全员应该如何应对突发火灾

学会用灭火剂灭火。在火势不大的情况下，可以采用正确的方式灭火，这样能够有效控制火势，扑灭火灾。我们要学会利用身边的一些灭火剂灭火。首先，随处可见的水，就是最常用的灭火剂。其次，就是泡沫灭火器。泡沫灭火器的使用方法是：一摇，摇晃灭火器的瓶身；二对，对准火源；三拔，拔掉灭火器上的保险销；四压，压出里面的泡沫。另外，还可以用沙子、湿布等进行灭火，主要原理就是使燃烧物隔绝空气。

学会报火警。在遇到无法扑灭的火势时，要及时拨打119火警电话。并在报警时将关键信息告知接听员，如着火的地点、起火的原因、着火的物体、火势的大小、报警人姓名电话等。

学会自救。首先，在日常生活中，要有观察和了解常在区域逃生路线的意识，这样才能防患于未然。其次，遇到火灾时，以下几点不要做：一是不要留恋财物，否则容易错过最佳的逃生机会；二是不要贸然开窗，否则会增加房间内的氧气量，使得火势更加严重；三是不要大喊大叫，这样不仅会消耗自己的体力，还会吸入大量浓烟，不利于逃生。相反，需要做到以下几点：一是要沉着冷静，如果火势不大，建议立即扑灭。二是要用浸湿的衣物、毛巾等捂住口鼻，这样能够有效避免吸入过多的浓烟。三是在逃生的过程中，要尽量将身体贴近地面，如弯腰、爬行等。四是受到火灾威胁时，可以利用打滚的方式扑灭身上的火苗，切忌奔跑。五是没有逃生通道时，可以用床单、绳子等栓紧栏杆，顺滑下楼，或者可以做好防护措施，躲在安全地方等待救援，不能盲目跳楼。

学会急救方法。第一，身体有小面积的烧伤时，可以用冷水反复冲洗，使伤口散热以缓解局部灼烧感、疼痛感。第二，出现擦伤或者摔伤，可以先用生理盐水清理伤口，再用碘伏或医用酒精对伤口进行消毒；如果伤口比较深，在进行消毒处理后还需要用纱布包扎伤口。第三，出现骨折时，应该将骨折处固定，避免移动过程中造成二次伤害。

我的收获

同学们，通过本节课的学习，作为安全员的我们肯定有了新的收获，快来把你的收获记录下来吧！